Les meilleures perles de l'école :

bonnet d'âne pour tous !

ISBN : 978-2-7540-5203-0
Dépôt légal : juin 2013

Conception graphique et maquette : Laurent Gaulet
Couverture : Olivier Frenot

Éditions First – Gründ
60, rue Mazarine
75 006 Paris – France

Tél. : 01 45 49 60 00
Fax : 01 45 49 60 01

firstinfo@efirst.com
www.editionsfirst.fr - www.grund.fr

Les meilleures perles de l'école : bonnet d'âne pour tous !

Laurent Gaulet

FIRST Editions

Sciences de la Vie et de la Terre

L'eau a une couleur totalement inodore.

Bientôt, à force de se laver, il n'y aura plus que de l'eau sale sur terre.

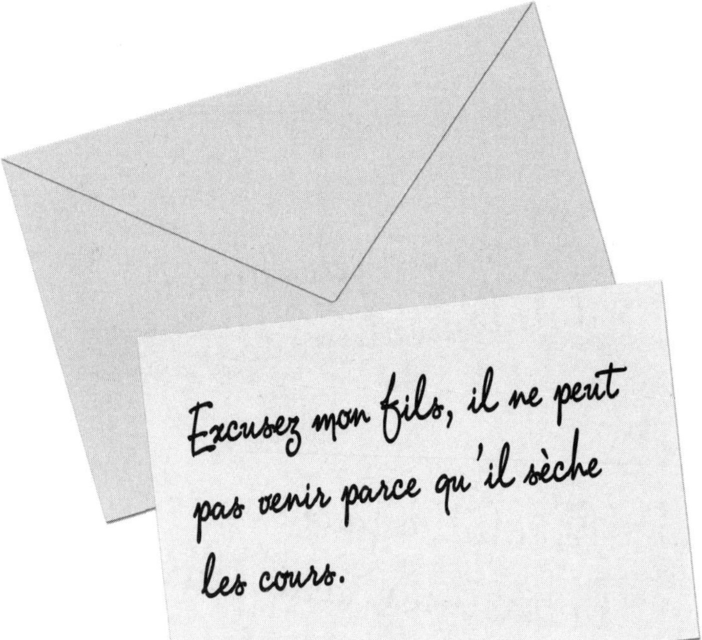
Excusez mon fils, il ne peut pas venir parce qu'il sèche les cours.

Les graffitis des toilettes devront être tagués par ceux qui les ont faits !

Carnet de liaison

Notre fils est revenu de l'école avec des poux ! Nous voulons savoir qui les lui a donnés !

Je vous interdis de toucher ma fille ! Il n'y a que son père qui a le droit.

La guerre

Pétain, c'est devenu un gros mot depuis la guerre.

Le 6 juin 1944, les Américains vont à la plage en Normandie.

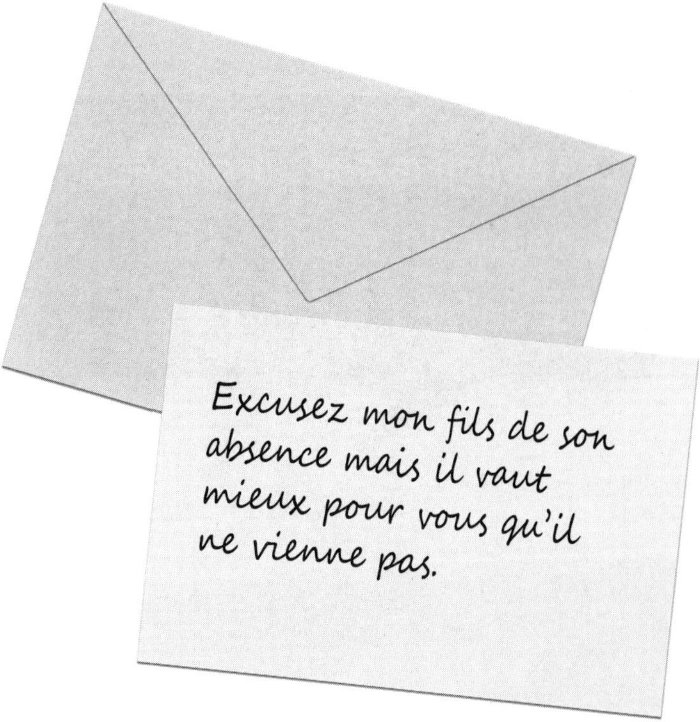
Excusez mon fils de son absence mais il vaut mieux pour vous qu'il ne vienne pas.

Les drogues sont prohibées dans l'école, sauf la colle pour coller.

Élève très attentif...
à l'horloge !

Il est interdit d'afficher vos petites annonces sur le tableau.

Les élections

Des fois, les gens écrivent des petits mots sur les bulletins, c'est nul.

Le président qui est élu est condamné à 5 ans.

Ce n'est pas bien grave ce qu'il a fait, à son âge... Il voulait juste savoir si vous portiez une culotte ou pas. Ce qui me gêne, c'est qu'il m'a dit que non...

Carnet de liaison

Vous accusez ma fille d'avoir triché mais si vous n'avez pas de preuve, vous n'avez rien à dire. Autrement, je vais porter plainte.

Attendons impatiemment la fin de l'hiver et de son hibernation...

Je croyais que mon fils était bon mais fallait me dire que les notes c'était sur 20 !

Je vous prie de bien vouloir dispenser mon fils de cours de sport. Bien que cette activité soit profitable à son développement musculaire, je constate que depuis qu'il la pratique à vos côtés, elle lui ramollit aussi le cerveau.

Le tableau, bien que noir, n'est pas une cible pour vos projectiles !

Mon fils n'est pas une lumière, d'accord. Mais pourquoi lui proposez-vous un CAP électricité ?

La préhistoire

Pour avoir chaud, les hommes préhistoriques mettaient des pauvres bêtes sur le dos.

Les hommes taguaient sur les murs pour pouvoir parler.

Quelqu'un peut-il me dire pourquoi de Gaulle est absent de la photo de la conférence de Yalta ?

C'est lui qui l'a prise ?

Carnet de liaison

La gastro est partie.
Ma fille va bien,
est-ce que quelqu'un
l'a chopée ?

Il s'est excusé lui-même,
je n'ai pas à lui faire en
plus un mot d'excuse !

Sciences de la Vie et de la Terre

L'eau va de la montagne vers la mer parce que c'est en pente.

L'eau de la montagne coule dans la mer où elle se sale avec les poissons.

Aussi vrai que 2 et 2 font 2,
mon fils n'est pas nul en classe.
C'est vous le nul !

En progrès : ne ronfle
plus quand il dort !

Votre professeur de physique a dû rentrer chez elle, elle a été soudainement prise de chaleurs incontrôlables.

Histoire

De Gaulle est mort à la fin de sa vie.

Les Russes et les Américains font la course jusqu'à la Lune.

Mathématiques

La courbe est...
superbe !

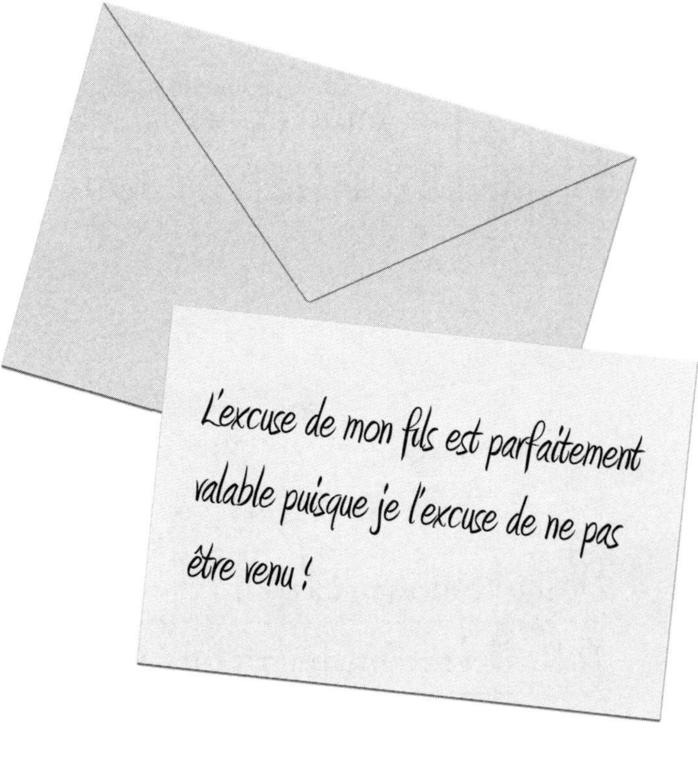
L'excuse de mon fils est parfaitement valable puisque je l'excuse de ne pas être venu !

Pour ne pas mourir, les Égyptiens se transformaient en momies.

Pour ramasser le charbon, il fallait être mineur et avoir moins de 18 ans.

Carnet de liaison

Suite à sa chute dans
la cour, mon fils va mieux,
le docteur l'a ficelé mais
il va avoir des cicatrix.

Les toilettes ne doivent servir qu'à faire vos excréments et non des cochonneries.

Géographie

La principale ressource de Cuba, ce sont les champs de cigares.

Les quatre points cardinaux sont le nord, le sud, l'ouest et à droite.

Si mon fils vous emmerde, vous avez le droit de lui foutre une branlée... Un coup de pied au cul ou une mandale, ça peut pas lui faire de mal !

Pardon pour mon fils
qui a des excuses.

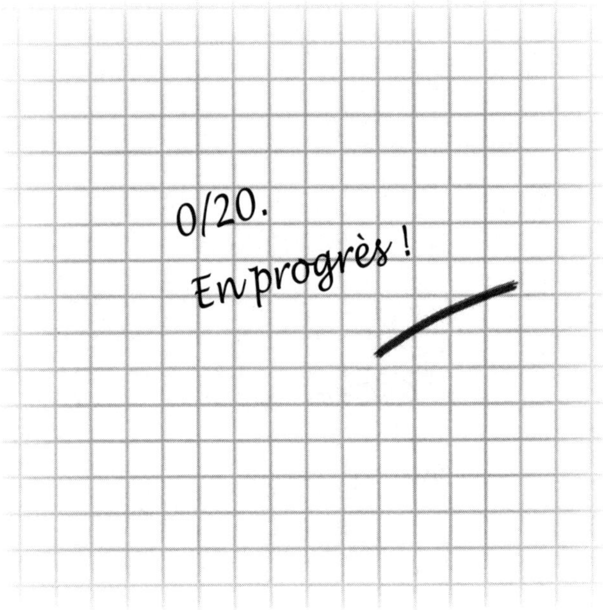
0/20.
En progrès !

La Préhistoire,
c'est comme
Koh-Lanta !

Est-ce que je peux assister
au cours à la place de mon fils
quand il n'a pas envie de venir ?

Mathématiques

Une tonne pèse lourd.

Un triangle équilatéral est une pyramide sauf qu'il a trois sommets.

Carnet de liaison

Depuis que vous m'avez prise avec ma fille dans votre bureau, elle veut plus revenir. Moi je demande que ça, mais elle ne veut pas.

Où peut-on trouver de l'eau potable ?

Dans les pots ?

Sortez ! Ça vous apprendra à ne pas venir !

Économie

C'est le BNP qui détermine la richesse d'un pays.

Les femmes sont beaucoup plus touchées par le chômage que par les hommes.

Veuillez l'excuser de son
absence d'hier et par
avance de celles à venir.

Pour faire un enfant, il faut un supermatozoïde.

Je pense que mon fils pourrait passer dans la classe au-dessus. Qu'en pensez-vous ? Il a beaucoup grandi, non ?

Aujourd'hui, les enfants naissent plus vivants qu'avant.

La femme est légale comme l'homme.

Il est interdit de tricher en dehors des examens !

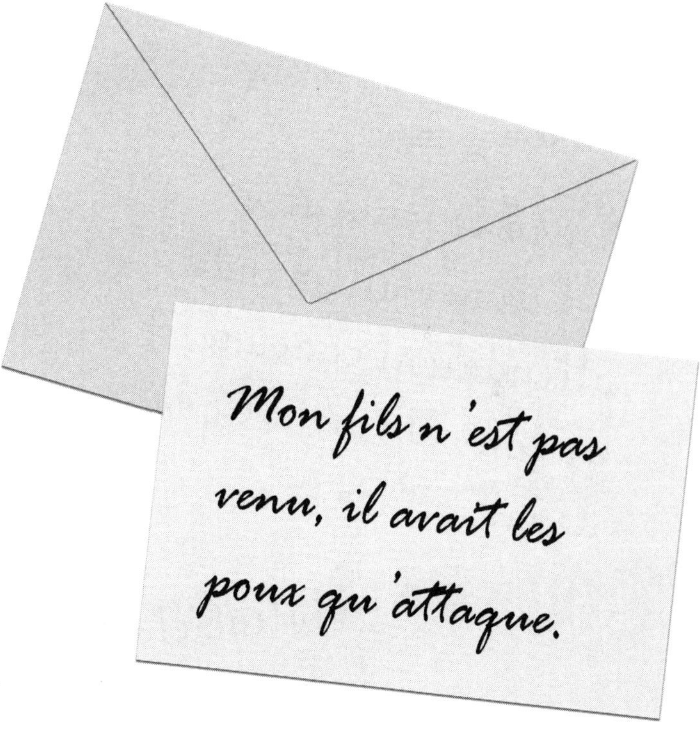
Mon fils n'est pas
venu, il avait les
poux qu'attaque.

La guerre

L'armée française et l'armée allemande attendaient chacune de son côté de la ligne de mire...

Staline était le président de l'OURSS.

Carnet de liaison

Je voulais savoir pourquoi ma fille n'a pas été tirée sur la photo ?

Je vous prends à l'index !

Élève très attentif...
... aux filles !

Comment ça, ma fille n'est pas bonne ? Tous ses copains lui disent qu'elle est bonne !

Les élections

Le Premier ministre n'écoute pas le président, qui ne l'écoute pas non plus.

On peut voter blanc, mais on peut aussi voter rouge.

Mon fils n'est pas venu
au collège, il faisait
grève. Chacun son tour !

Puisque tu es encore chaude, va mouiller l'éponge.

Carnet de liaison

Mon fils vomit tout ce qu'il
mange. Ne le nourrissez
pas ce midi !

Comment voulez-vous que ma fille trouve un garçon si elle n'a même pas le droit de se maquiller et de porter des trucs sexy !

La préhistoire

Le feu était très important pour se chauffer, faire cuire la nourriture, faire du café chaud...

En tapant deux pierres, ils avaient de l'électricité.

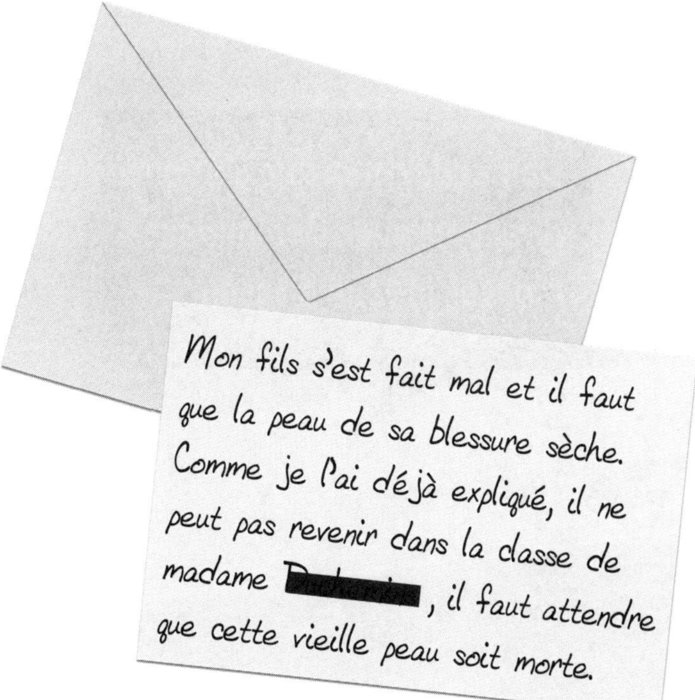

Mon fils s'est fait mal et il faut que la peau de sa blessure sèche. Comme je l'ai déjà expliqué, il ne peut pas revenir dans la classe de madame [redacted], il faut attendre que cette vieille peau soit morte.

Demandez-moi quoi, je vous dirai pourquoi. Demandez-moi qui, je vous dirai où.

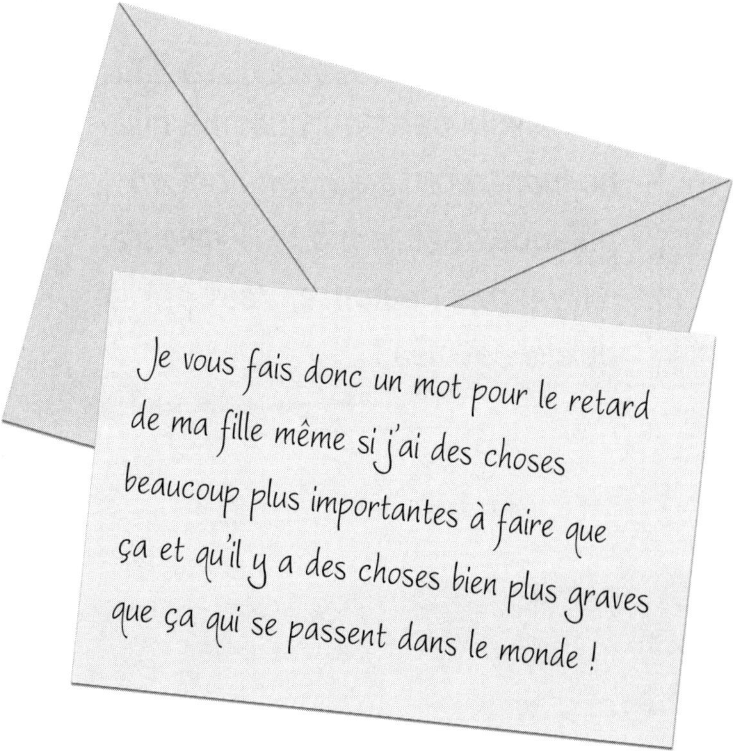

Je vous fais donc un mot pour le retard de ma fille même si j'ai des choses beaucoup plus importantes à faire que ça et qu'il y a des choses bien plus graves que ça qui se passent dans le monde !

Je ne vois pas pourquoi ma fille ne montrerait pas son nombril puisque c'est la mode. D'ailleurs, il n'y a pas de honte, c'est par là qu'elle est née !

Sciences de la Vie et de la Terre

Les chiens flairent des choses qui sont indétectables par l'oreille humaine.

Le cochon s'appelle aussi vulgairement porc parce qu'il est sale.

Carnet de liaison

Faudrait savoir quand est-ce que mon enfant travaille. Nous on travaillait pas le jeudi, maintenant c'est le mercredi pour les enfants. Mais certaines années, il faut qu'il travaille le mercredi matin et d'autres fois le samedi matin. Je n'ai pas que ça à faire ! Faut que vous décidiez quand est-ce qu'il travaille ou pas !

Vous n'êtes qu'une
bande d'amalfrabêtes !

Avant, les rois étaient
choisis avec les galettes,
c'était plus facile.
Malheureusement,
les présidents ne se
font pas tirer...

Quand dit-on
« des chevaux » ?

Quand
il y a plusieurs
chevals !

Histoire

Au Moyen Âge, les paysans se faisaient vider les bourses par les saigneurs.

Les chevaliers partaient en croisière.

Il est interdit

Le remplaçant sera remplacé
par un remplaçant.

Progresse constamment
et sûrement...
... vers le zéro !

Ma fille est tombée enceinte...
C'était après le jour où vous
l'aviez prise dans votre bureau.

Mon fils est tombé et
est absent. Il a été
recousu et on le renvoie
quand il sera réparé.

Les élèves irrespectueux
seront suspendus à la porte !

Géographie

Avant les Mexicains,
il y avait les pastèques.

Les Chinois comptent
sur leurs boules liées.

Carnet de liaison

Ma fille se fait beaucoup
draguer par les garçons
qui l'embêtent, mais il faut
savoir qu'elle ne peut
quand même pas sortir avec
tous, alors faut leur dire
d'attendre ou leur jéter
un seau d'eau !

Quand les tours sont tombées, on a fait table rase du passé.

Le 11 sept. 2001

L'avion s'est scotché dans les tours.

Les deux tours faisaient un 11 et c'est pour ça qu'on les a scratchées le 11 septembre.

Mes yeux ne pouvaient pas croire ce que j'entendais.

Quel est l'animal qui ressemble le plus à l'homme ?

Le singe, parce qu'il fait des grimaces !

Mathématiques

Une courbe est une ligne droite qui tourne.

Un cercle est un rond parfait avec tous les côtés égaux.

Mon fils était absent
parce qu'il s'est choppé
une bonne vieille grippe.

Faites au moins semblant de ne pas travailler !

S'applique à ne rien faire
et y parvient parfaitement.
Bravo !

Si ma fille redouble...
Ça veut dire qu'elle redescend d'une classe ?

Carnet de liaison

Ma fille s'est fait déchirer* !

On veut connaître le responsable !

*À propos d'une veste déchirée

La guerre

Le débarquement a failli ne pas débarquer à cause de la marée qui était basse.

Les Allemands se sont fait prendre en sandwich.

Je ne veux pas entendre
les téléphones portables
sonner avant la sonnerie.

On met des virgules et des points dans les phrases pour pouvoir respirer et ne pas s'étouffer quand on parle sinon les phrases seraient trop longues.

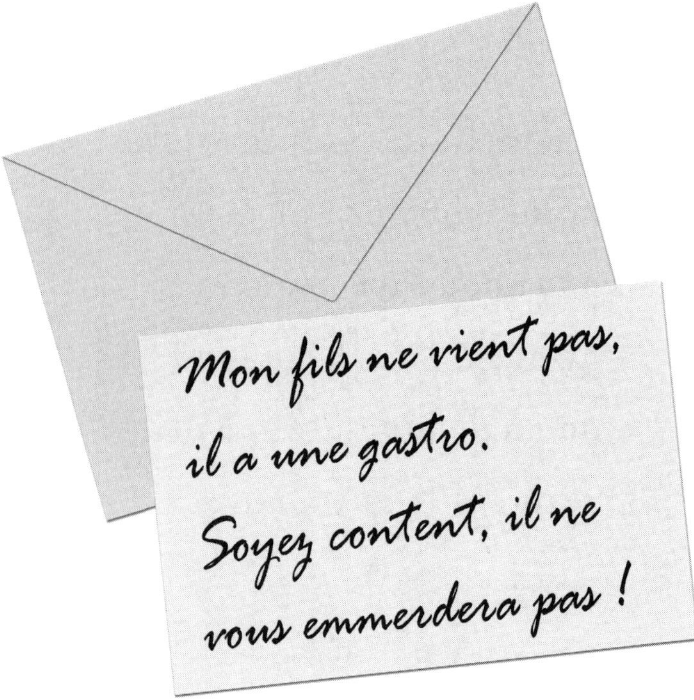
Mon fils ne vient pas,
il a une gastro.
Soyez content, il ne
vous emmerdera pas !

Les écoles pourraient peut-être afficher le programme scolaire à l'entrée ? Comme ça, on pourrait choisir l'école en fonction du programme !

Je peux pas effacer, c'est de l'encre **qu'est débile** !

Mon fils a été absent,
il avait un rhume de
la mort.

Carnet de liaison

Mon fils avait des poux
mais je lui ai mis la tête
sous l'eau et normalement
ils sont tous noyés.

Sport

On t'a jamais appris à courir avec les bras ?

Le port obligatoire de la blouse ne signifie pas qu'il faille ôter ses vêtements en dessous…

Nous avons fait une
étrange et bouleversante
découverte : il existe un
vide intersidéral entre
votre voisin de gauche
et votre voisin de droite...

La préhistoire

Les hommes étaient pleins de poils. Ils ne se rasaient pas pour avoir chaud.

L'homme était tout petit. Après, il s'est mis debout et était plus grand.

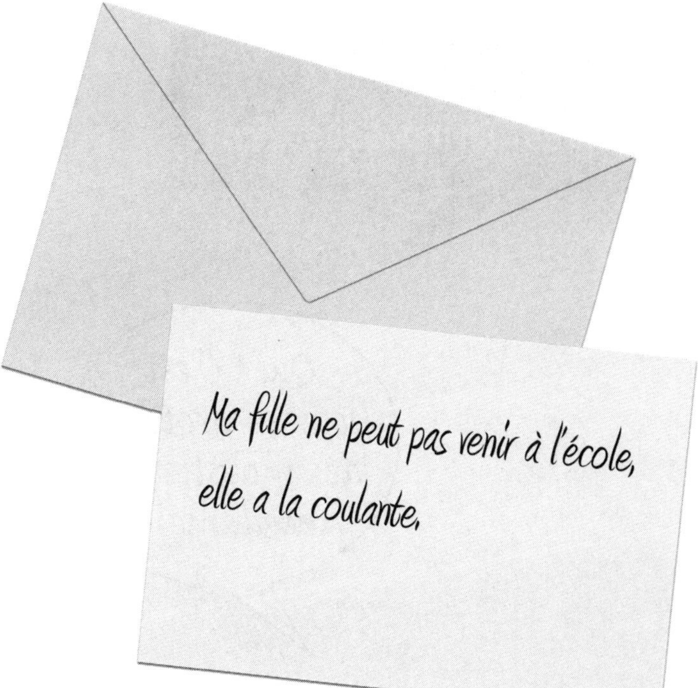
Ma fille ne peut pas venir à l'école, elle a la coulante.

Quelqu'un sait-il ce qu'est un mousquetaire ?

Oui ! C'est pour se protéger des moustiques, madame !

Ma fille affirme que vous n'êtes pas son professeur. Qui dois-je croire ?

Les pions ne sont pas des jouets !

Carnet de liaison

Est-ce que c'est possible de
refaire la photo de classe ?
Mon fils a une tête de con dessus.

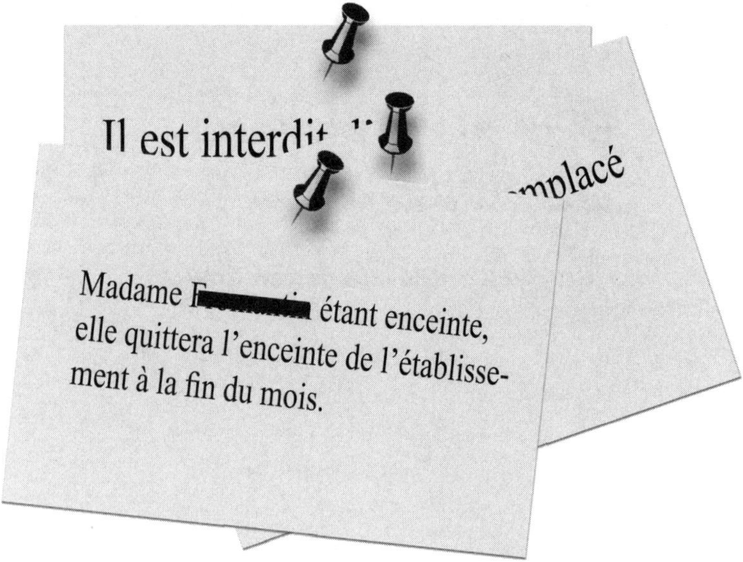
Il est interdit
Madame [redacted] étant enceinte, elle quittera l'enceinte de l'établissement à la fin du mois.

Sciences de la Vie et de la Terre

La Terre a plusieurs couches. La plus sèche c'est la dernière : la croûte.

Le singe est un animal proche de l'homme mais surtout des Africains qui vivent à côté d'eux.

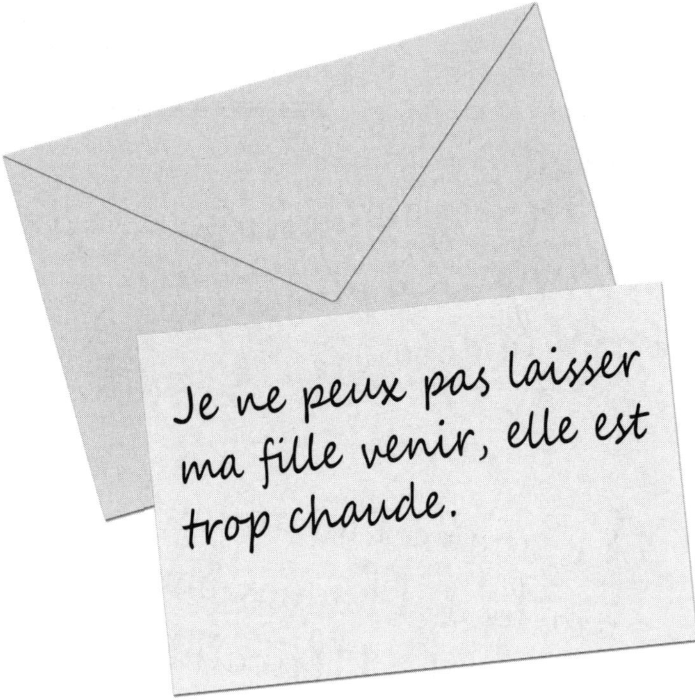
Je ne peux pas laisser
ma fille venir, elle est
trop chaude.

Le bizutage sera bizuté !

Fête à tension à l'or tôt graphe et ô veau qu'a bu l'air !

Sport

Expirez, soufflez…
Expirez, soufflez…

Jésus a été crustacé sur
la croix.

Le torero pique pour savoir
si la viande est dure.

Vous êtes priés
de ne cracher que
dans vos bouches !

Histoire

La Star Académie française a été créée par Richelieu.

Le 14 juillet c'est la fête de Marie-Antoinette et Louis XVI.

Il s'est pété la jambe en deux, c'est pas recollé mais il peu revenir grasse au platre.

Carnet de liaison

Mon fils a été empoisonné
à la cantine. Merci de
me dire le menu pour
l'enquête que je fais.

Si ça continue,
la mer va monter
et on sera tous noyés.
Sauf ceux qui habitent
dans les étages...

Vous dites que c'est Balzac qui a écrit ça et que c'est ma fille qui a copié mais qu'en savez-vous ? Ça pourrait aussi être l'inverse, non ?

Trop proche du radiateur, ses connaissances ont fini par s'évaporer...

Les tables de classe ne sont pas des tables de ping-pong.

Géographie

Les pyramides sont appelées ainsi parce qu'elles sont pointues.

La statue de la Liberté se trouve dans la ville de Nouille Orque...

Mon fils c'est fait emplâtré.

Qu'est-ce qu'un oiseau migrateur ?

C'est un oiseau qui des fois il se gratte, des fois il se gratte pas...

Mon fils a de trop mauvaises notes, ça m'inquiète... Je ne voudrais pas qu'il finisse prof, ou un truc comme ça...

Le chewing-gum, comme tout ce qui peut se mâcher, se sucer ou s'avaler, est interdit dans ma classe !

Français

Une paire de choses est toujours au pluriel. Exemple : une paire de couilles.

Il y a 26 lettres dans l'alphabet qui vont de 1 à 26.

Carnet de liaison

Je vous envoie ma fille
avec sa gastro.

Il faut arrêter la pollution parce que l'été, quand il fait trop chaud, les vieux meurent.

Ma fille ne pourra pas venir mais je peux vous envoyer sa sœur si vous voulez.

Le paresseux est un mam-
mifère d'Amérique tropicale
qui appartient à l'ordre des
xénarthres. Il vit suspendu
à l'envers dans les arbres, se
déplace avec une extrême
lenteur et est le champion du
sommeil paradoxal. Quelle
chance de pouvoir en observer
un spécimen dans la classe !

La guerre

Ils étaient tous regroupés dans des camps qu'on appelait de concentration car ils y étaient très serrés.

Grâce à la guerre on a du schwingum.

Carnet de liaison

Vous auriez pu voir que mon fils a la braguette ouverte sur la photo de classe… Tout le monde va se moquer de lui pendant des années !

Monsieur [redacted] est absent. Il est *cloué* sur le panneau d'affichage…

Combien vaut ma fille ?

Sport

Tu ne veux pas la sauter ?
Puisque c'est ça, pompes !

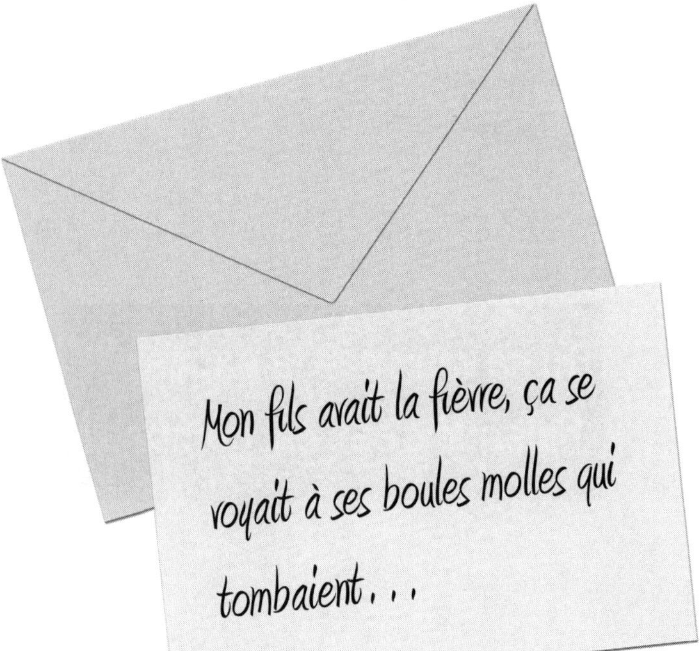
Mon fils avait la fièvre, ça se voyait à ses boules molles qui tombaient...

Les élections

Quand on va voter, on prend plein de bulletins et après on ne sait plus lequel on voulait mettre.

Les grandes érections ont lieu tous les 5 ans.

Toujours près du radiateur,
il sèche ...

Veuillez noter que l'interrogation surprise aura lieu le lundi 27 octobre.

Double zéro, ça veut dire que mon fils redouble ?

Admettons qu'il redouble… Il fait deux fois la même classe. Donc, deux ans. Admettons qu'après, il passe… Mais il passe dans quelle classe ? Celle où il aurait dû être l'année précédente ou alors il saute la classe qu'il n'a pas pu faire ?

Il passe simplement dans la classe supérieure.

Donc, quand on redouble, on perd une année ? C'est injuste ! Il a travaillé deux ans comme les autres !

Sciences de la Vie et de la Terre

Le hérisson se fout en boule et se transforme en oursin.

Le hérisson est une race de rongeur qui appartient à la famille des kipics.

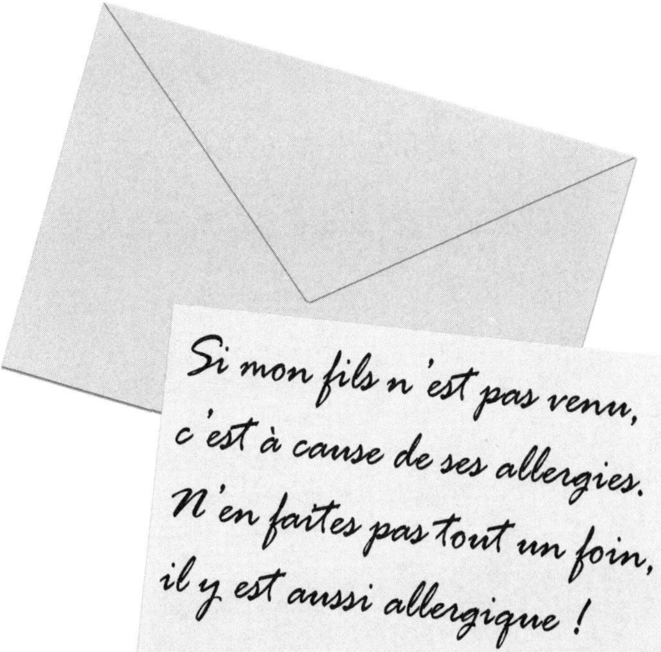
Si mon fils n'est pas venu,
c'est à cause de ses allergies.
N'en faites pas tout un foin,
il y est aussi allergique !

Carnet de liaison

Un surveillant de la cantine
a obligé ma fille à sucer*
et à avaler.

* À saucer

Peux-tu me dire où se trouve le sud par rapport au nord ?

Pour se souvenir que le sud est en bas, on a mis le nord en haut.

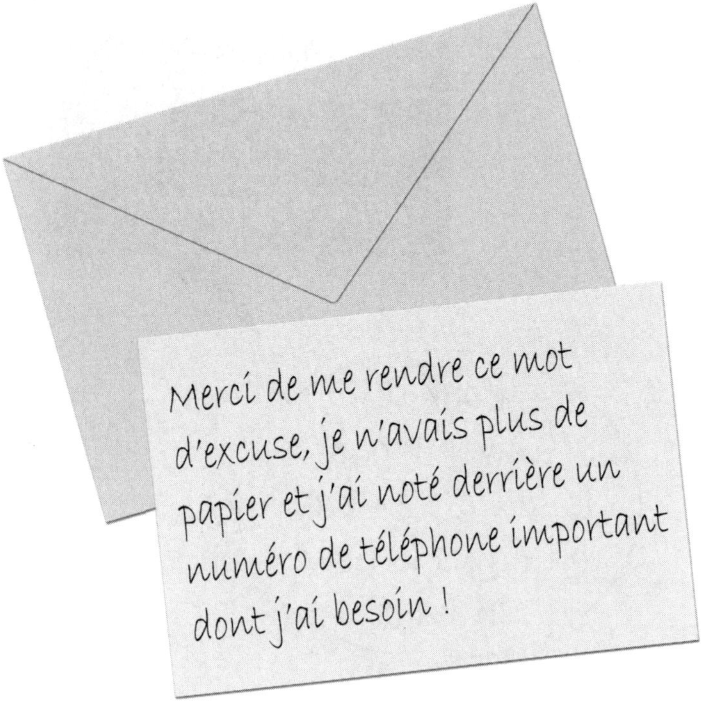
Merci de me rendre ce mot d'excuse, je n'avais plus de papier et j'ai noté derrière un numéro de téléphone important dont j'ai besoin !

Histoire

Les Romains mangeaient couchés parce qu'ils dormaient tout le temps. La preuve c'est que les draps servaient aussi de vêtements.

Les Roumains ont envahi la Gaule.

Mon fils a déjà triplé sa 5e, pourquoi il ne pourrait pas quatupler ?

Une matière grise encore bien trop blanche qu'il s'évertue à ne pas vouloir souiller.

Combien de fois faut-il que je repète ?

Carnet de liaison

Quand ils mangent à la cantine, le soir c'est la grande gerbe et faut vite sortir les bassines ! Vous trouvez ça normal ?

Géographie

La Communauté européenne se compose de gros pays comme la France et l'Allemagne et de petits pays sans importance.

La maison blanche est repeinte tous les ans.

Madame [redacted], professeur de chimie, souhaite que les élèves ayant éclaboussé sa blouse de leurs jets se dénoncent.

Tout le monde devrait accepter de faire des dons d'**orgasmes** !

Ma fille fait qu'à se gratter
et pourra pas venir, elle a
des mangeaisons.

Les masseuses batteuses ont révolutionné l'agri-culture.

Les seins sont souvent représentés dans les églises.

Si vous ne venez pas à mes cours, je vous mets dehors !

Mathématiques

Une ligne droite ne s'arrête jamais.

Le rectangle est un carré allongé sur le côté ou allongé debout.

Pardon pour ma fille
qu'était pas là.

Carnet de liaison

Mon fils a encore oublier
ces affaire pour faire
les devoirs, je pense qu'il
faut ces vires.

La guerre

La deuxième guerre mondiale, c'est la même chose que la première qui est mondiale aussi.

Pendant la guerre, on s'est fait traiter à Versailles.

Quels furent les premiers colons en Amérique ?

Christophe !

Refuse de retirer sa casquette en classe. Aurait-il pris la grosse tête ?

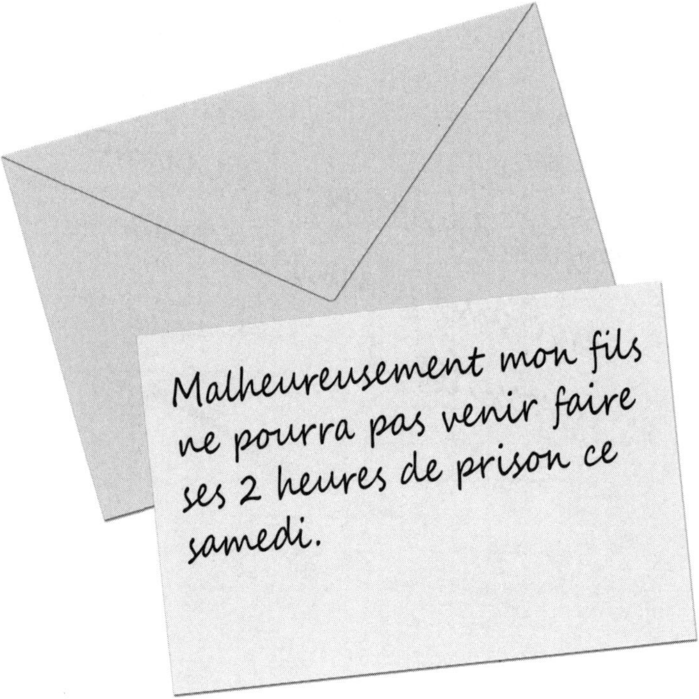
Malheureusement mon fils ne pourra pas venir faire ses 2 heures de prison ce samedi.

Ma fille n'est peut-être pas bonne en maths, mais elle fait aussi du français, de l'histoire, du sport, etc. Alors que vous, vous n'enseignez que des maths !

Il est formellement interdit de s'introduire dans l'école !

Les élections

Après le vote, tout le monde attend impatiemment de savoir qui va gagner, comme pour un match de foot. Le deuxième tour, c'est un peu comme les tirs au but.

Les bulletins sont mis dans l'urinoir.

Il y a des fanatiques du foot, donc on peut dire que le foot est une religion.

Carnet de liaison

Ma fille ne fait peut-être rien à la maison pour ses devoirs mais ce n'est pas à cause de moi. Et comme elle a des mauvais résultats, je dirais que c'est parce qu'elle fait rien à l'école et que c'est votre faute !

Qui veut me lécher le tableau ?

La préhistoire

Certains singes ont été choisis pour devenir des hommes et d'autres pour rester des singes.

Les animaux étaient tous sauvages comme les hommes.

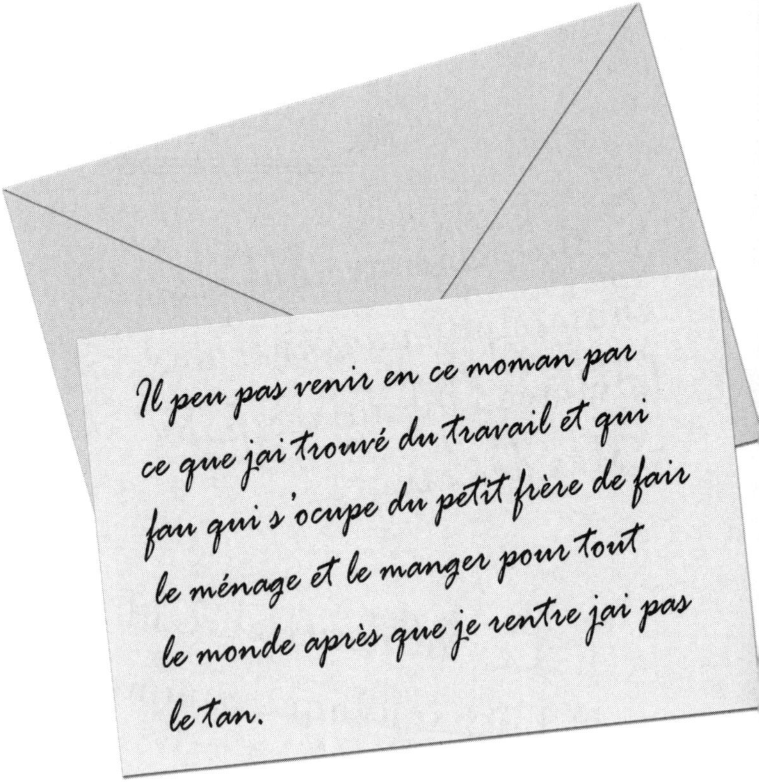
Il peu pas venir en ce moman par
ce que jai trouvé du travail et qui
fau qui s'ocupe du petit frère de fair
le ménage et le manger pour tout
le monde après que je rentre jai pas
le tan.

La terre...
La nature...Tout
part en couille...

Sait lire et écrire...
Ne désespérons pas, il
comprendra peut-être
un jour à quoi cela sert !

On ne mange pas la bouche pleine pendant mon cours !

Sciences de la Vie et de la Terre

Le fer est fort et faut faire un effort pour le tordre.

De tous les métaux, le métal est le plus le résistant.

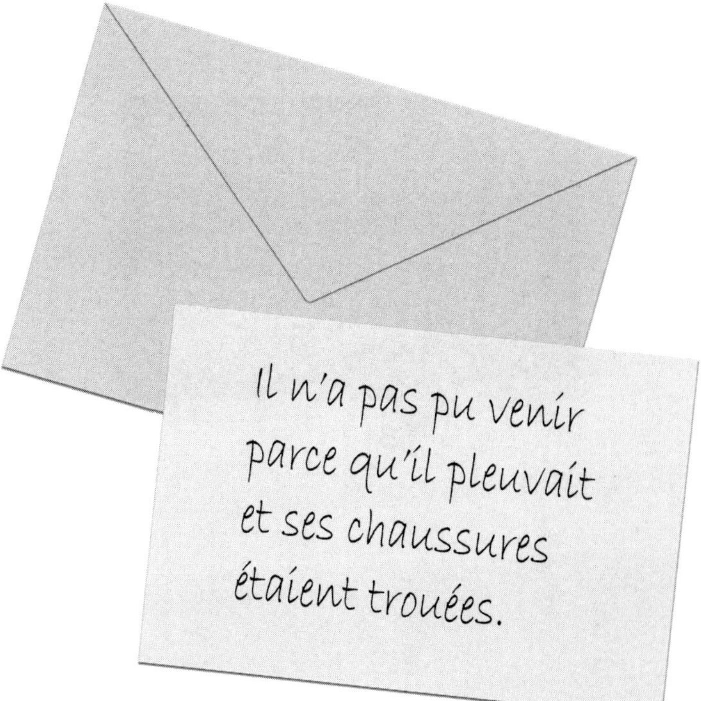
Il n'a pas pu venir
parce qu'il pleuvait
et ses chaussures
étaient trouées.

Mademoiselle !
Allez voir sous mon bureau si j'y suis !

Quand on fait des fouilles on trouve les squelettes de ceux qui ne sont pas mort dans les cimetières.

Mon fils court les filles ?
Et alors ? Moi aussi...
De toute façon, tant qu'il
ne les rattrape pas...

Histoire

La bataille de Marignan a eu lieu en 1515 parce que ça faisait un chiffre rond.

Jeanne d'Arc est morte sur le boucher qui lui a mis le feu.

Carnet de liaison

Mon fils va à l'école, il ne fait pas son service militaire, donc je lui interdis formellement de se lever quand vous entrez dans la classe ! Vous n'avez qu'à vous saluer comme tout le monde.

Arrêtez de mastiquer !

Quoi !?

Cessez de mastiquer !

Mais je...
Je ne vous astique
pas ?

Ma fille étais en rétare,
désolée pour ma fille
qu'étais en rétare.

Les plus courtes sont les plus dures ! Heu… Pardon. Les plaisanteries les plus courtes sont parfois les plus dures… à comprendre !

La guerre

Quand la guerre a été finie, tout le monde est rentré chez soi content et en s'embrassant.

Pétain et Hitler se serrent la main pour se dire bonjour.

Carnet de liaison

Il a donné l'assiette à ma fille et il lui a mis deux doigts dedans !

La prochaine fois, laissez vos problèmes de cœur à l'entrée du collège. Vous savez ce que l'on dit : un de perdu, dix de retrouvés ! Eh oui, il faut parfois savoir reculer pour mieux sauter…

Et la lumière fut ! Malheureusement, très rapidement suivie d'une panne de courant…

Sport

Plus tu cours loin,
plus tu cours.

Histoire

Les esclaves étaient fabriqués en Afrique et ensuite ils étaient expédiés dans le monde.

Les esclaves étaient noirs pour qu'on les reconnaisse.

Les Américains
ont fait un **hiroshima**
aux Chinois et ça les
a mis KO.

Mon fils est pas venu mais moi je sais pas pourquoi ! C'est vous le prof qui savez pourquoi il est pas venu parce que c'est avec vous qu'il allait.

Vous êtes la preuve vivante que la vitesse de la lumière est supérieure à celle du son ; dès que vous ouvrez la bouche, vous paraissez moins brillant.

Je ne sais plus par quel bout vous prendre…

Sciences de la Vie et de la Terre

Il a fallu faire le tour de la Lune à pied pour revenir sur terre.

Sur la Lune, il n'y avait finalement rien à voir à part quelques traces de pas.

Carnet de liaison

Avec votre écriture qu'on comprend rien, vous pourriez être docteur !

Il y a des personnes
que l'on met dans le
dictionnaire pour se
souvenir d'eux parce
qu'elles n'ont pas
d'amis sur Facebook.

J'essaye de faire un cours qui soit le plus lubrique possible…

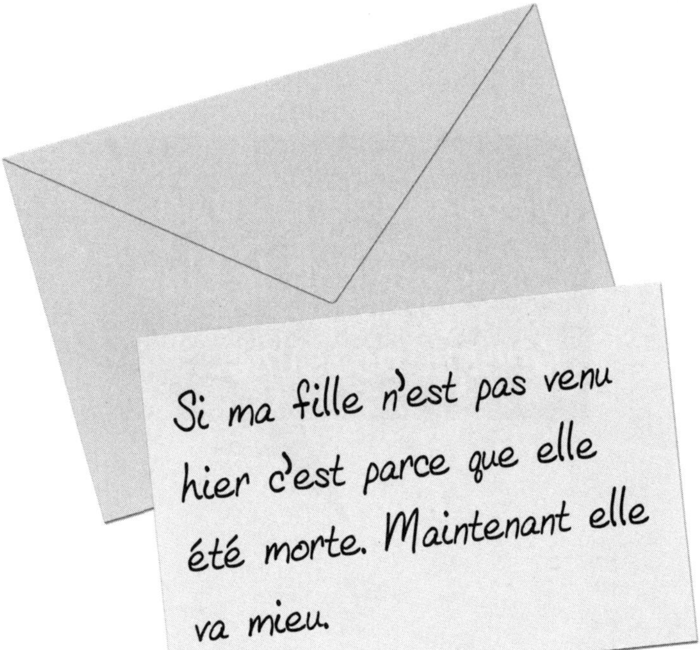
Si ma fille n'est pas venu
hier c'est parce que elle
été morte. Maintenant elle
va mieu.

Je ne sais pas où est ma fille pendant vos cours. C'est plutôt à vous de me le dire !

Comment faisait-on, avant, pour labourer les champs ?

On tirait les tracteurs avec des bœufs !

La préhistoire

Les hommes étaient poilus et ressemblaient à des singes. Puis, ils ont perdu leurs poils et sont devenus des hommes.

À cette époque, on mettait des bougies pour économiser l'électricité.

La prochaine fois que j'en prends un sur le bureau, il va se souvenir de moi !

A certainement des dons même s'ils restent pour le moment très bien cachés.

Histoire

Les Égyptiens s'enterraient dans des scaphandres.

Pour faire les momies, il fallait vider les corps et bander en même temps.

Désolé que mon fils
n'est pas venu, je m'en
suis servi pour mes
besoins.

Carnet de liaison

Les mini-jupes de ma fille ne sont pas trop courtes, je les porte aussi !

Ne joue pas au plus idiot avec moi ! À ce jeu-là, tu es sûr de perdre !

Siffle en classe !
Serait plus à sa place sur
la branche d'un arbre
que dans une salle de
classe.

Mon fils est intelligent.
C'est vous qui êtes trop bête
pour vous en apercevoir !

Sciences de la Vie et de la Terre

Les cunnilingus sont les nuages les plus mouillés.

La Terre a un trou dans sa couche.

Madame
Comme prévu, les examens auront lieu à une date indéterminée.

Je m'excuse pour mon
fils qui est retardé.

Écoutez d'une oreille
et écrivez de l'autre !

Carnet de liaison

Mon fils n'a rien volé car il m'a dit qu'il n'avait rien volé.

Les élections

Les gens se cachent pour voter pour ne pas qu'on les reconnaisse.

Pour être élu président, il faut être plus vieux que les autres.

Adressez-vous au *rectum* de l'académie !

Je remarque que les dimensions ont doublé par quatre.

Les druides sont des curés qui vivaient dans les bois.

Si ma fille avait des bonnes notes, peut-être qu'elle viendrait plus souvent !

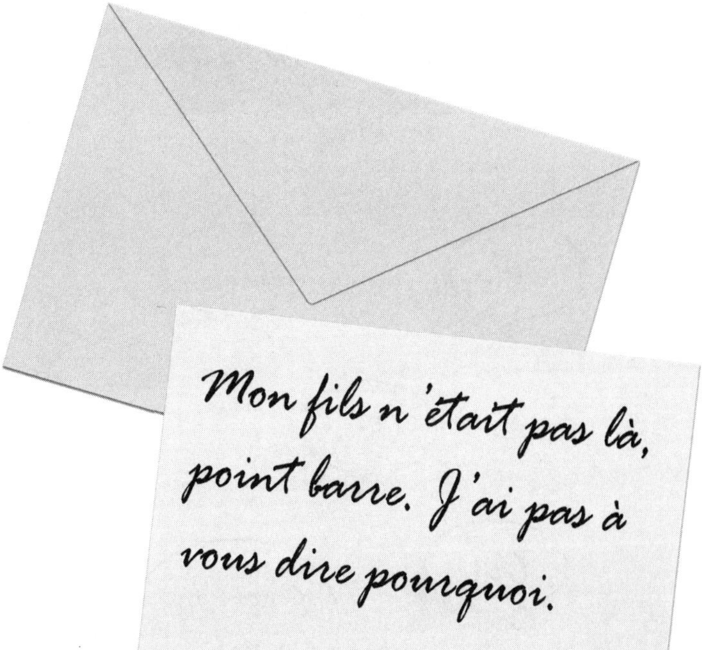
Mon fils n'était pas là, point barre. J'ai pas à vous dire pourquoi.

C'est acquis ?
Oui.
Oui.
Oui.
Oui.
C'est pas à moi !

Sciences de la Vie et de la Terre

Il ne peut pas y avoir d'eau dans le désert parce même à marée haute, la mer ne peut monter jusque-là.

À l'automne, les feuilles tombent de fatigue...

Contrairement au lait et au jus de tomate, vous n'êtes pas très concentrés…

Carnet de liaison

Les parents peuvent-ils assister aux cours d'éducation sexuelle ?

Je voulais surtout vous prévenir que vous n'avez pas intérêt à draguer ma fille...

Histoire

Lorsque le mur de Berlin est tombé, on a découvert que derrière il y avait une autre ville.

À l'époque des rois, les hommes s'habillaient en femme.

Ma fille ne peut pas aller à la gym, elle a ses ragnagnas.

Toi ! Euh… Oui, toi, là, le voisin de ta voisine…

Ma fille... Que dire...
Elle est aussi bête
que sa mère !

Dans son monde,
tout semble si simple...

Que j'aide mon fils à faire ses devoirs ? Vous venez m'aider à faire la cuisine vous ?

Les élections

Quand le Premier ministre n'est pas bon, il se fait virer par le président de la République.

Pour aller voter, on doit souvent retourner à l'école.

Personne ne sort sans mon autorisation, même si ça sonne ! La cloche, ici, c'est moi !

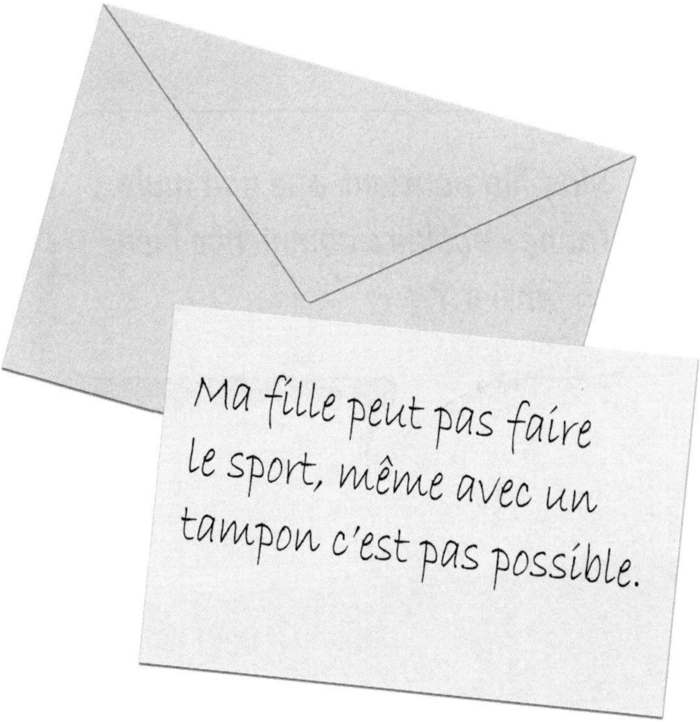
Ma fille peut pas faire
le sport, même avec un
tampon c'est pas possible.

Mon fils soutient que non mais...
l'année scolaire commence bien
en janvier ?

Carnet de liaison

N'apprenez pas à ma fille des choses que vous ne savez même pas !

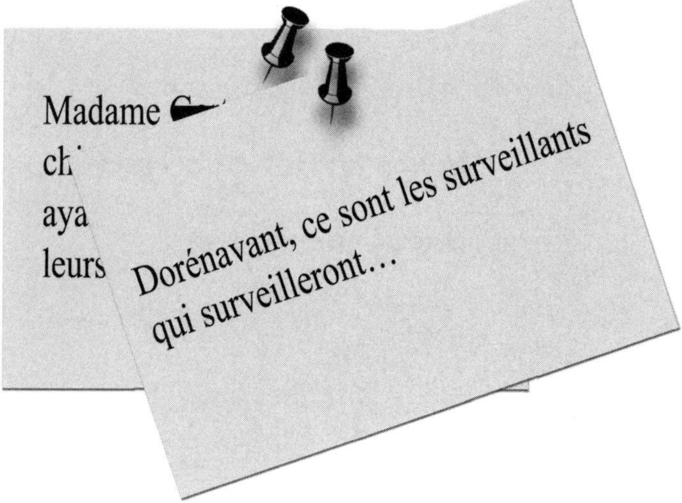
Madame
Dorénavant, ce sont les surveillants qui surveilleront…

Sciences de la Vie et de la Terre

Le sang est rouge à l'aller et bleu au retour.

Le cœur est séparé en deux. D'un côté il tape pour faire gicler le sang et de l'autre il aspire pour le faire venir...

Silence !!! Je veux entendre une mouche voler !
BZZZZZZZZZZZ !!!!!
BZZZZZ !!!!!
BZZZZZZZZ !!!!!
BZZZ !!!!!
BZZZZZ !!!!!

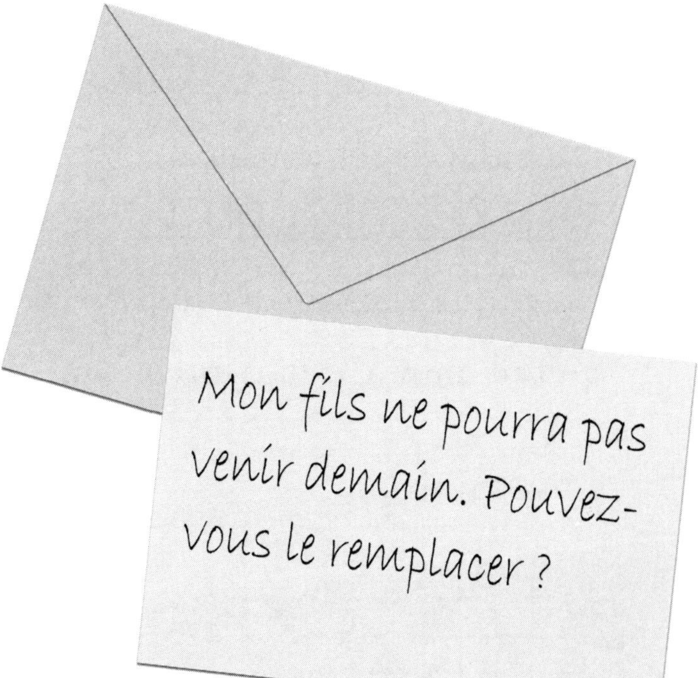
Mon fils ne pourra pas
venir demain. Pouvez-
vous le remplacer ?

La salive sert à ne pas avoir la bouche sèche, à cracher et aussi à nettoyer quand on n'a rien d'autre.

En rang ! Enfilez-vous les uns derrière les autres !

Les corrections de ses
copies sont tellement
simples et rapides…
comment lui en vouloir ?

Mon fils est peut-être con mais vous ne relevez pas le niveau !

Histoire

Hitler et les acariens disaient être supérieurs aux autres races.

Les Romains avaient envie des Gaulois et les Gaulois avaient la Gaule...

Carnet de liaison

Ne comptez pas sur moi pour donner du fric à la quête pour que vos élèves vous achètent des fleurs !

Mon fils n'ira pas à la cantine,
il n'est pas dans son assiette...

Le prochain qui parle, je le prends dans le bureau du directeur !

Carnet de liaison

Peut-être que si vous distribuiez des bons points ou des images, les élèves sécheraient moins ?

Ma fille redouble ou elle passe avec les supérieurs ?

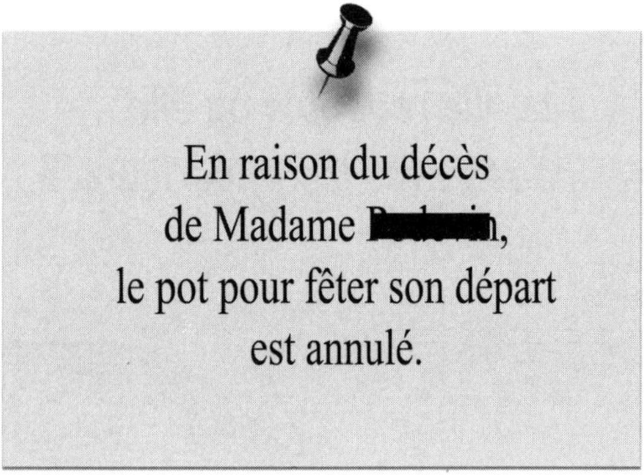

En raison du décès
de Madame [redacted],
le pot pour fêter son départ
est annulé.

Mathématiques

Tous les angles du rectangle sont dans les coins.

La figure représente un triangle tordu.

Vous devez lever le doigt avant de dire une bêtise !

Je confirme que c'est bien la troisième fois que mon fils ne pourra pas venir pour assister à l'enterrement de son grand-père. Nous sommes une famille recomposée et il lui reste encore un grand-père et quatre grands-mères...

Carnet de liaison

Vous dite que sa dicté est plein de faute. Je ne vois même pas ou !

La différence entre vous et moi, c'est que vous, vous êtes toujours à l'école alors que moi, il y a longtemps que j'en suis sorti !

Si vous ne vous séparez pas, je vous colle !

Le tiers-monde de la connaissance…

Vous êtes toujours absente !
Vos enfants pourraient être
malades pendant les vacances,
non ?

Les élections

On met le bulletin dans une enveloppe mais sans mettre un timbre dessus.

Il y a des partis qui organisent des qualifications pour être président.

Mon fils ne viendra pas demain
pour cause de décès imprévu.

Stéphane ! Levez-vous !
Non, assis. Heu… si, debout !

Ouaf !

Il y a des fois où j'aimerais être sourd pour ne plus vous voir !

Les papes devenaient papes de père en fils.

Le sida est le plus gros concurrent du cancer.

J'ai gardé ma fille pour la prendre au lit. Si ça lui fait de l'effet, je vous la renvoie demain.

Carnet de liaison

Ma fille est amoureuse de vous. Si vous pouviez faire quelque chose pour elle...

Vous prenez ma fille par le mauvais côté ! Il n'y a que son père qui sait la prendre.

À vouloir trop répondre en substance, on va finir par croire que vous manquez de substance... grise.

C'est à qui ce cul ? À cul ce… C'est à qui ce quiz !

Les élections

Le papier avec lequel on vote s'appelle un bulletin, mais il n'y a pas de note sur celui-là.

Pour voter, il faut inscrire son nom sur un papier.

Si vous portiez des jupes plus courtes, je suis persuadé que mon fils viendrait plus souvent à vos cours.

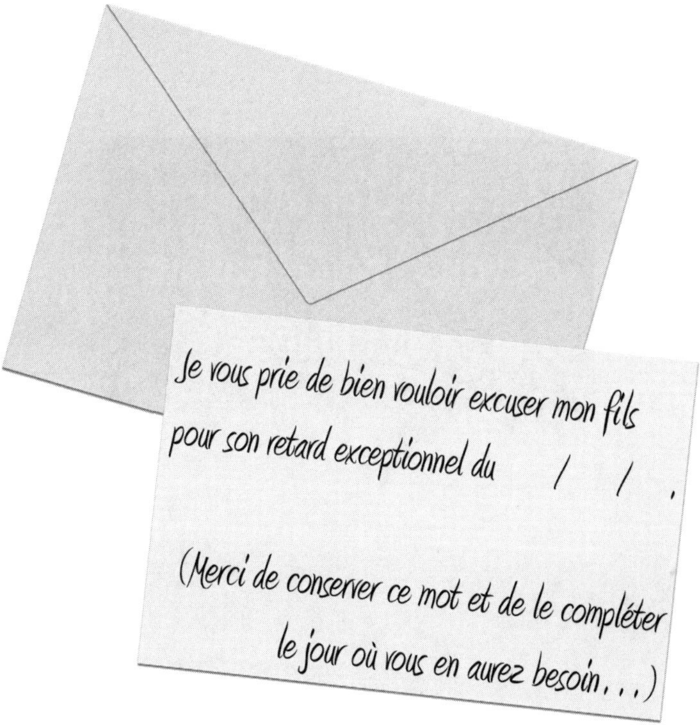

Je vous prie de bien vouloir excuser mon fils pour son retard exceptionnel du / / .

(Merci de conserver ce mot et de le compléter le jour où vous en aurez besoin...)

Marre !!! J'en ai marre de vous ! Voilà ! Fallait que ça se chiasse !

Intellectuellement inactif…
Encéphalogramme plat ?

Vous me répéterez 10 fois :
« Je veux et j'exige d'exquises excuses ! »

Carnet de liaison

Mon fils n'a pas appris sa table de 9 car je lui ai expliqué que c'était la même que les autres mais à l'envers.

Une plante dans son pot. Attention à ce que l'on ne vous arrose pas, pensez à bouger de temps en temps !

Sport

Va falloir te bouger un peu, tu vas de plus en rapidement moins vite !

Ma fille était un peu malade
et elle était restée à la maison
car elle était pompette à cause
du grog que je lui ai donné.

À l'époque de la préhistoire,
celui qui avait un briquet,
c'était le maître du feu.

Aujourd'hui, nous allons réaliser un test de dépistage !

Un dépistage de quoi ?

Ouais !!!

De votre ignorance. Prenez une feuille, interro surprise !

Carnet de liaison

Téléphone portable une nouvelle fois confisqué ! Si ça continue, nous l'orienterons vers l'EFMRS (École de formation au métier de rédacteur de SMS).

Tous les hommes ont un cerveau, même les femmes.

La liberté c'est quand on est libre.

Point final

Contactez l'auteur et retrouvez
tous ses livres sur :
www.gaulet-livres.com